Conception et rédaction des jeux : Gaëtan Lefevre
Réalisation des jeux et illustrations : Alain Boyer

120 JEUX SPORTS

OLYMPIQUES ET PARALYMPIQUES

DE PARIS 2024

Hugo Jeunesse

COLORIAGE

Colorie chaque zone dans la couleur indiquée pour découvrir le dessin caché.

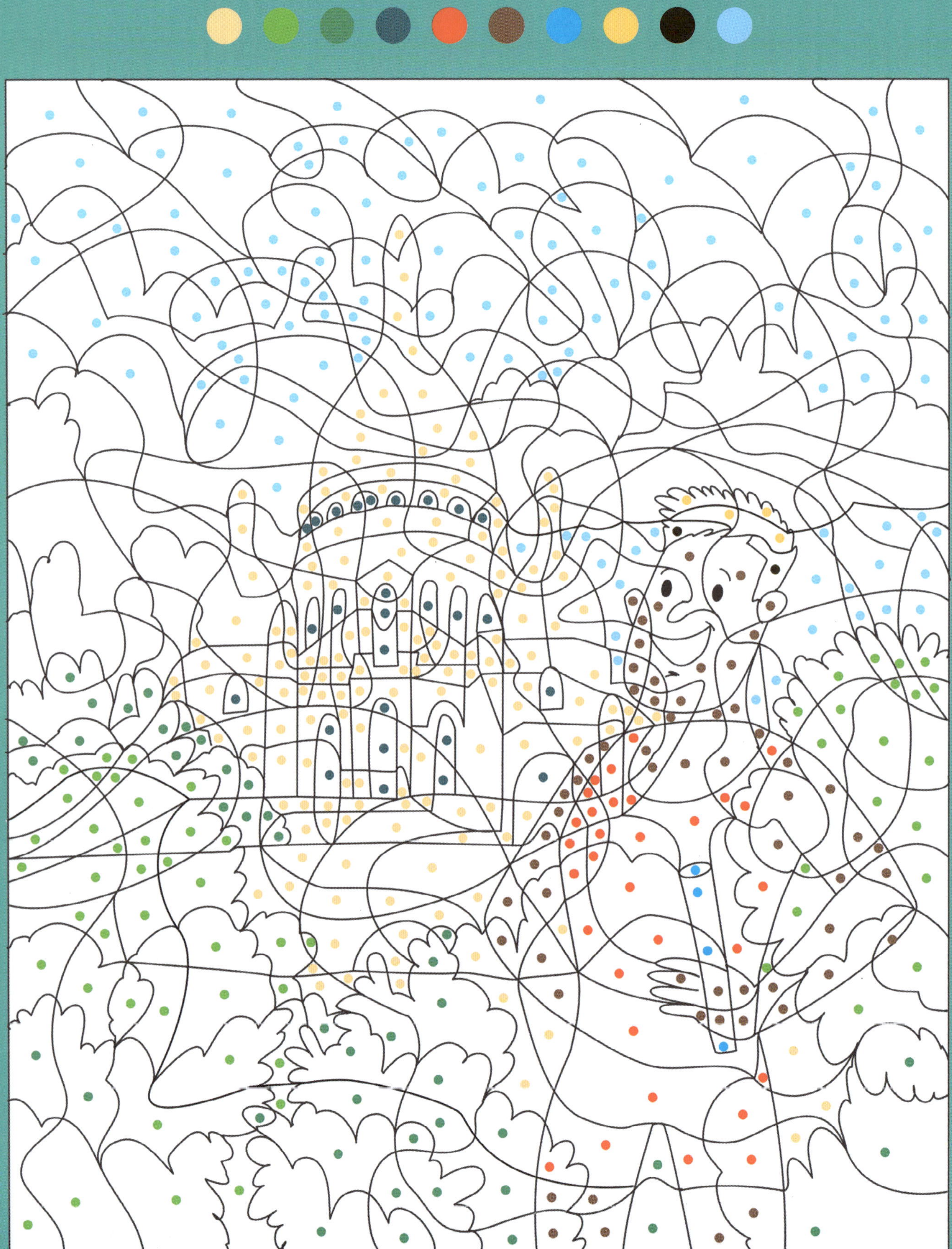

RÉBUS

Lis ce rébus pour découvrir ce que dit Tony Estanguet, Président du Comité d'organisation des Jeux Olympiques et Paralympiques de Paris 2024.

DESSIN

Aide-toi de la grille pour dessiner le logo des Jeux Olympiques de Paris 2024.

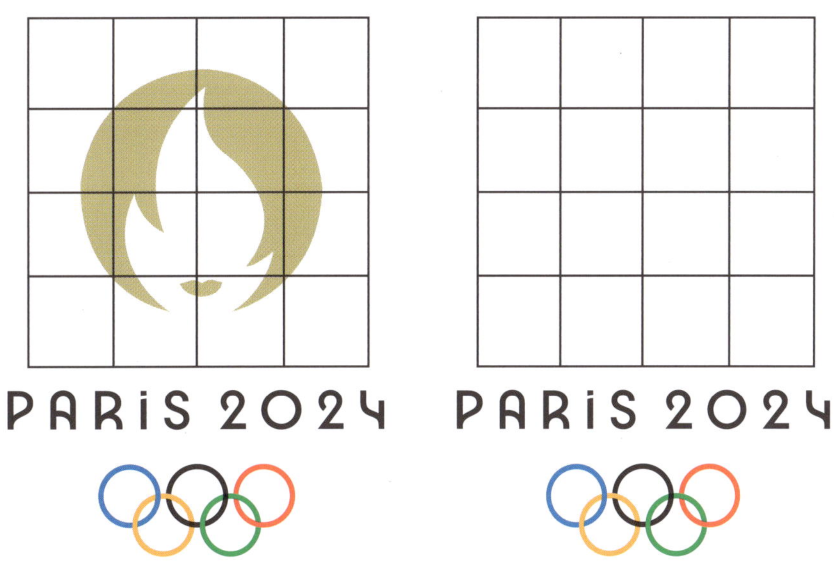

QUIZ

Connais-tu les couleurs des anneaux Olympiques ?

A.
Bleu – marron – rouge
vert – jaune

B.
Bleu – jaune – noir
vert – rouge

C.
Vert – jaune – rouge
bleu - violet

LA BONNE OMBRE

Observe chaque ombre et entoure celle qui correspond exactement au sprinteur.

5 14 | 1 20 8 12 5 20 9 19 13 5 | 15 21 | 16 1 18 1 | 1 20 8 12 5 20 9 19 13 5 ,

1 20 20 5 14 20 9 15 14 | 1 21 24 | 6 1 21 24 | 4 5 16 1 18 20 19 !

LE BON NUMÉRO

Remplace chaque nombre par la lettre qui correspond dans l'ordre alphabétique pour comprendre la phrase de l'athlète.

BIZARRE, BIZARRE !

Trouve les 5 anomalies qui se sont glissées dans cette scène.

QUIZ

Quelles nages sont au programme des Jeux Paralympiques de Paris 2024 en para natation ?

A. Toutes les nages (brasse, dos, papillon, nage libre, nages combinées).

B. La brasse, le papillon et la nage libre.

C. Uniquement le papillon.

PÊLE-MÊLE

C'est le bazar dans les vestiaires. Combien vois-tu de maillots ?

DIFFÉRENCES

Trouve les 7 différences entre ces deux images d'épreuve de canoë.

MORCEAUX EN TROP

Relie chaque détail à la zone qui correspond pour compléter l'image. Quels sont les morceaux en trop ?

LABYRINTHE

Trouve la trajectoire pour que l'athlète grimpe le mur d'escalade
en passant par les prises dont la somme atteint 25.

SUPERPOSITION

Superpose le texte
des deux écharpes
pour lire ce qui est écrit.

PYRAMIDE

Complète cette pyramide sachant
que chaque nombre est la somme des
deux nombres juste en dessous.

KESKIDI

Élimine tous les sons du sifflet, « Trriiit »,
pour comprendre ce que dit l'arbitre.

PHOTO COUPÉE

Numérote les bandes dans le bon ordre et découvre le mot mystère.

Le mot mystère : ____________________

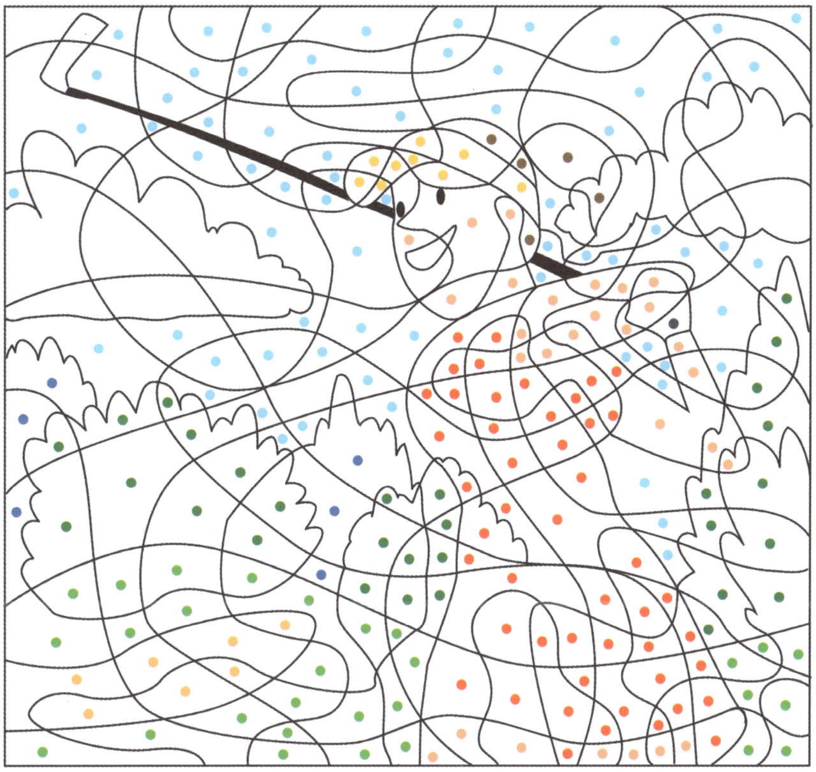

COLORIAGE CODÉ

Colorie chaque zone en suivant le code couleur pour découvrir le dessin caché.

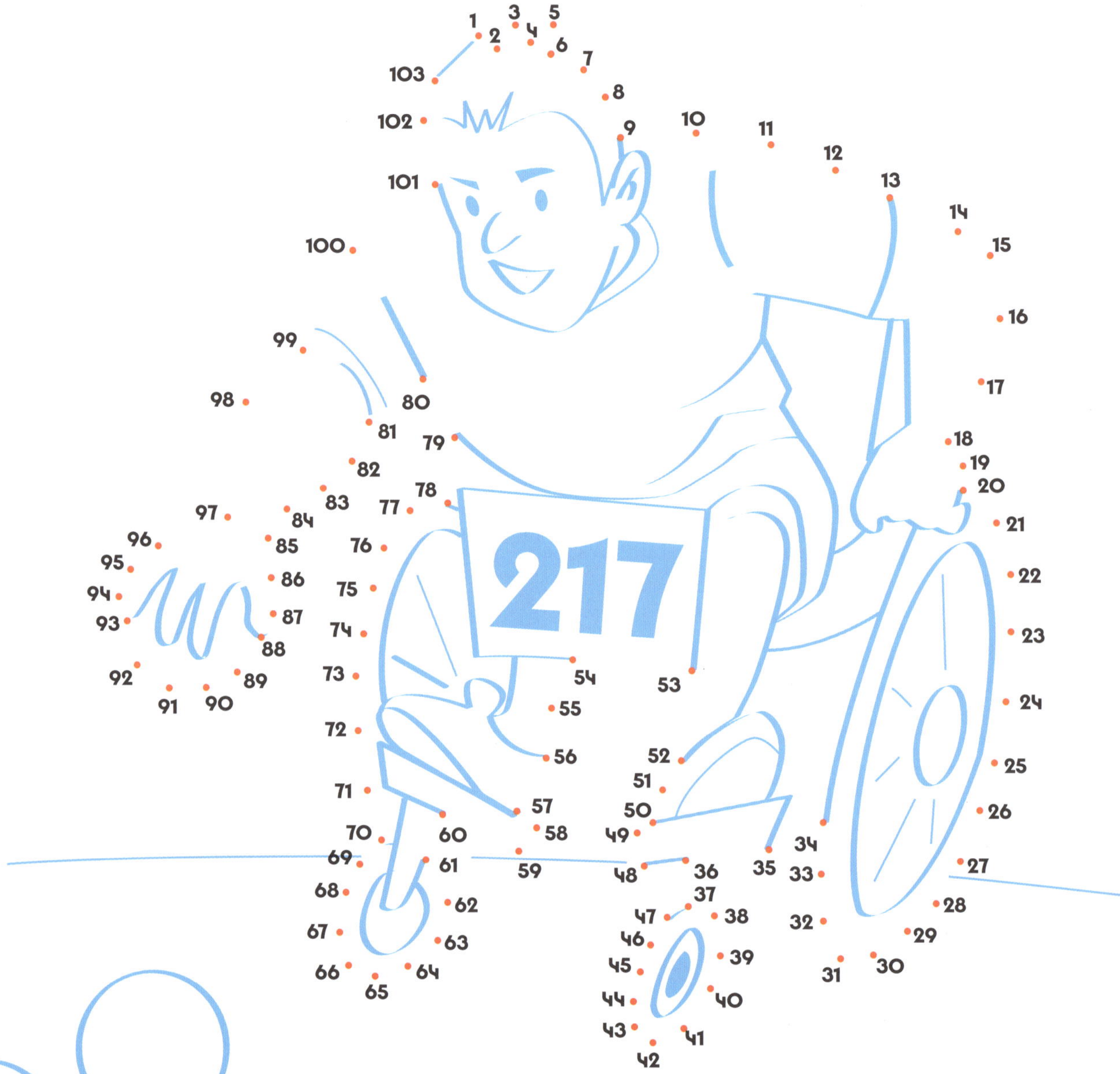

POINT PAR POINT

Relie les points de 1 à 103 pour découvrir la boccia, un sport de boule apparenté à la pétanque.

MOT VERTICAL

Écris les mots de la liste dans la grille et découvre verticalement un mot mystère.

Mot mystère

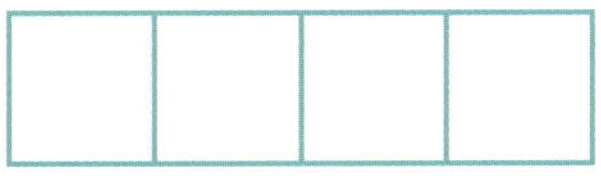

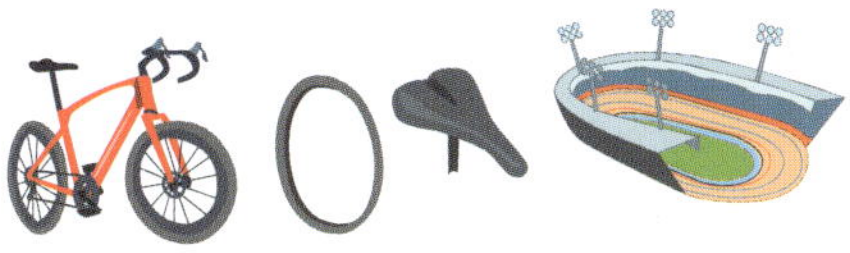

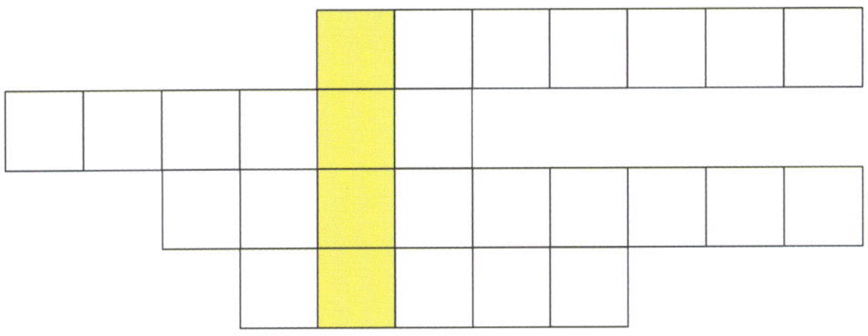

VÉLODROME

VITESSE

ROUTE

TANDEM

UNE SUR DEUX

Élimine une lettre sur deux pour découvrir ce qu'est le handbike.

CACHE-CACHE

Observe cette image et trouve ces 5 objets :

LA BONNE OMBRE

Observe chaque ombre et entoure celle qui correspond exactement à ce combattant.

Tla PvoYie dUes pMieCds FeTt dUes OpoPinFgs.

MINUSCULES

Colorie uniquement les minuscules pour découvrir la traduction littérale de « taekwondo ».

CHARADE

Trouve le mot qui correspond à chaque phrase pour comprendre cette charade.

Mon premier est l'inverse de haut.

*

Mon deuxième est une planche à roulette.

*

Mon troisième est utilisé pour boire du lait ou manger des céréales.

*

Mon tout est un sport olympique.

RENVERSANT

Décode cette phrase sachant que chaque mot est écrit à l'envers.

MORCEAUX EN TROP

Relie chaque détail à la zone qui correspond pour compléter l'image. Quels sont les morceaux en trop ?

SUDOKU

Dessine dans chaque case vide l'équipement de gymnastique qui convient.
Attention, chaque objet doit être présent une seule fois par ligne et par colonne !

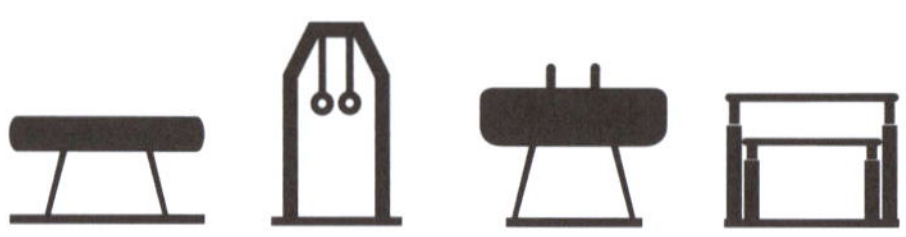

DIFFÉRENCES

Trouve les 7 différences entre ces deux images de gymnastique rythmique.

POINT PAR POINT

Relie les points de 1 à 101 pour découvrir un sport qui pèse lourd aux Jeux Olympiques.

QUIZ

Avec quelle(s) arme(s) se disputent les épreuves de tir sportif aux Jeux Olympiques de Paris 2024 ?

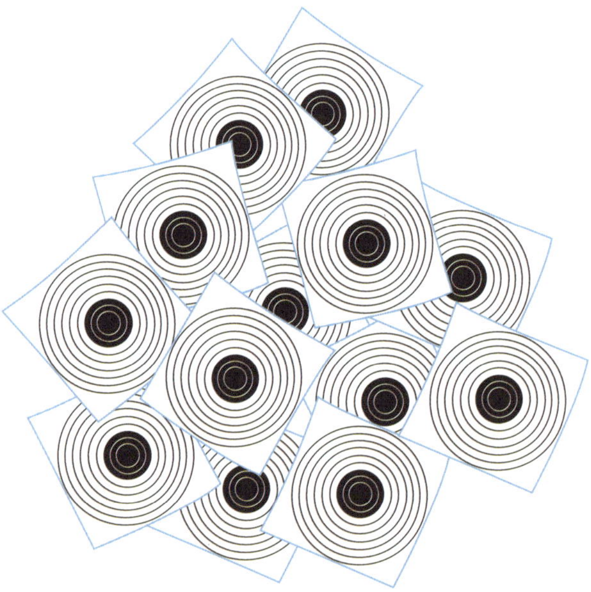

PÊLE-MÊLE

L'athlète a oublié ses lunettes. Combien vois-tu de cibles ?

BIZARRE, BIZARRE !

Trouve les 5 anomalies qui se sont glissées dans cette scène.

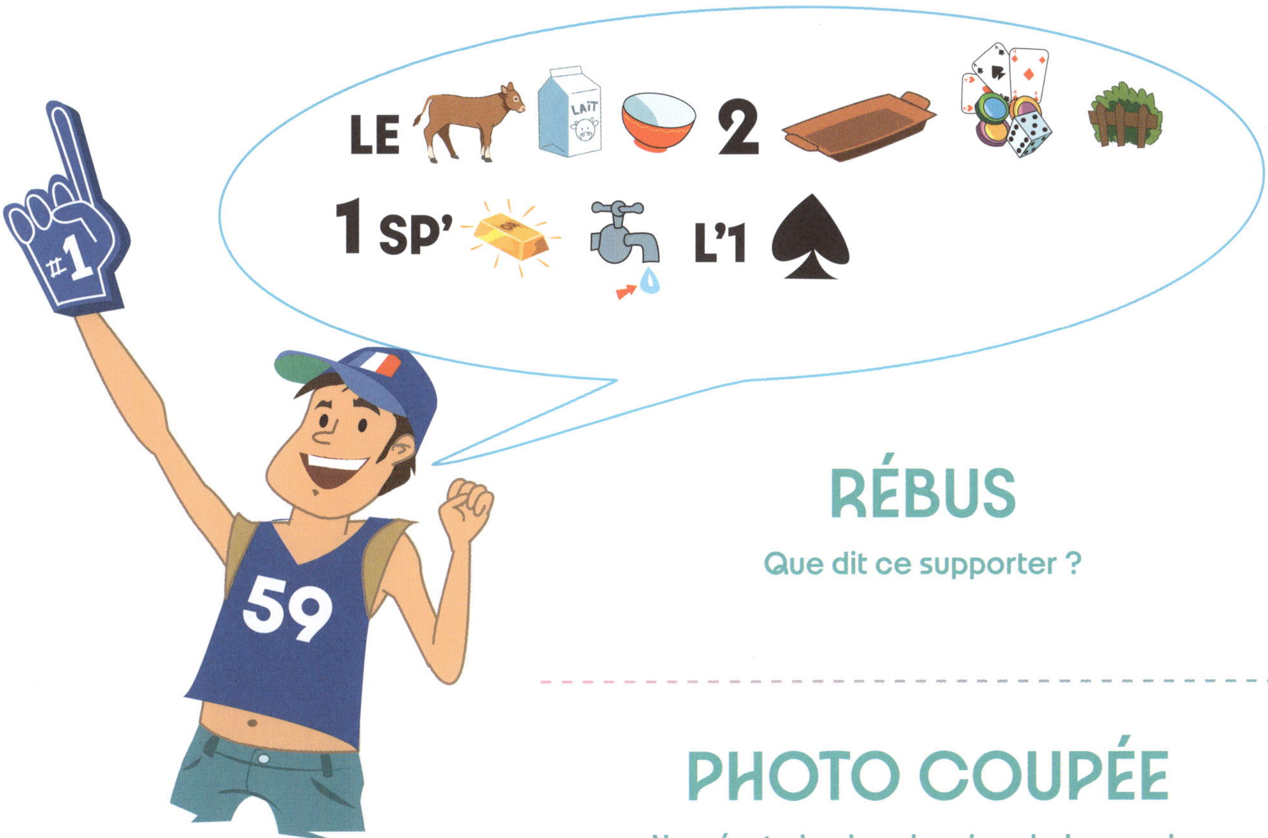

RÉBUS

Que dit ce supporter ?

PHOTO COUPÉE

Numérote les bandes dans le bon ordre et découvre le mot mystère.

N R A E A

Le mot mystère : ______________________

QUI DIT QUOI ?

Il y a foule dans les tribunes du château de Versailles pour l'épreuve de saut d'obstacles. Relie chaque personnage à la phrase qui lui correspond.

QUIZ

Qu'est-ce qu'un hors-jeu au rugby à 7 ?

KESKIDI

Élimine tous les sons « Trriiit » du sifflet pour comprendre ce que dit l'arbitre.

SYMÉTRIE

Utilise le quadrillage pour dessiner symétriquement l'autre moitié de la joueuse de rugby à 7.

CACHE-CACHE

Trouve ces 5 éléments dans cette scène de breaking, nouveau sport olympique aux Jeux de Paris 2024 :

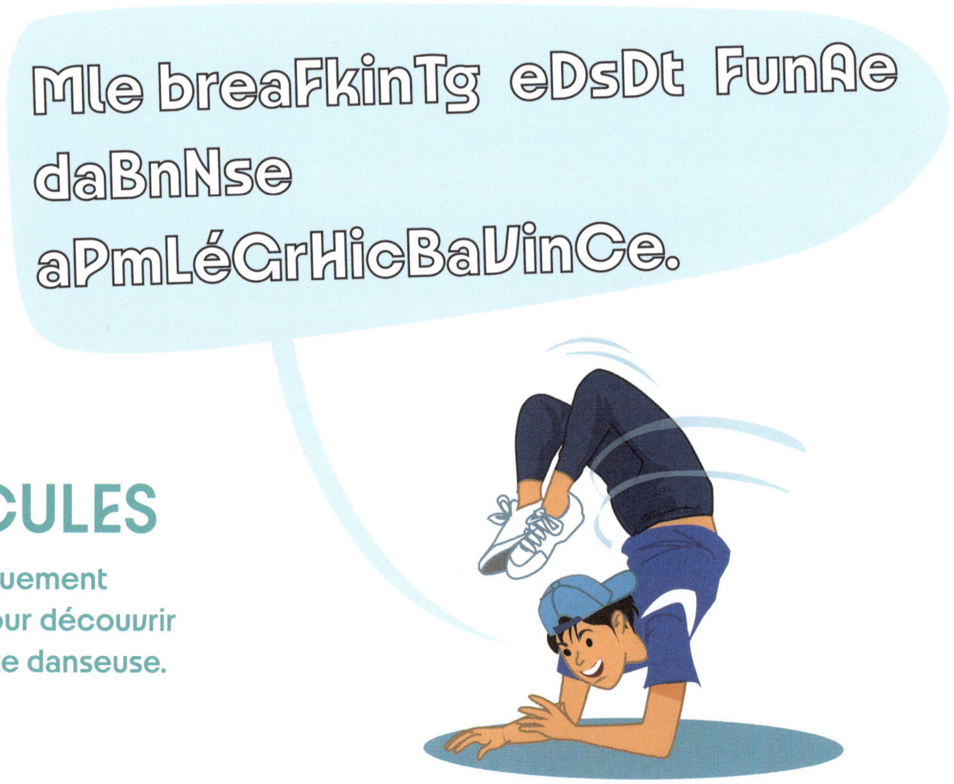

MINUSCULES

Colorie uniquement les minuscules pour découvrir la phrase de cette danseuse.

QUI EST QUI ?

Trouve le prénom de chaque athlète d'après ces informations :

Axel est à côté de Teddy. Sarah-Léonie est entre Romane et Guillaume. Axel est à l'opposé de Romane. Clarisse est entre Guillaume et Teddy.

PYRAMIDE

Complète cette pyramide sachant que chaque nombre est la somme des deux nombres juste en dessous.

LE BON CHEMIN

Aide Sandrine, judokate française non-voyante, à attraper son adversaire !

LABYRINTHE

Aide l'équipe française de voile à rejoindre la ligne d'arrivée.

LE BON NUMÉRO

Remplace chaque nombre par la lettre qui correspond dans l'ordre alphabétique pour comprendre la phrase de l'athlète.

LA TACTIQUE

Trouve la tactique qui permettra
au joueur de marquer un but
en évitant les adversaires .

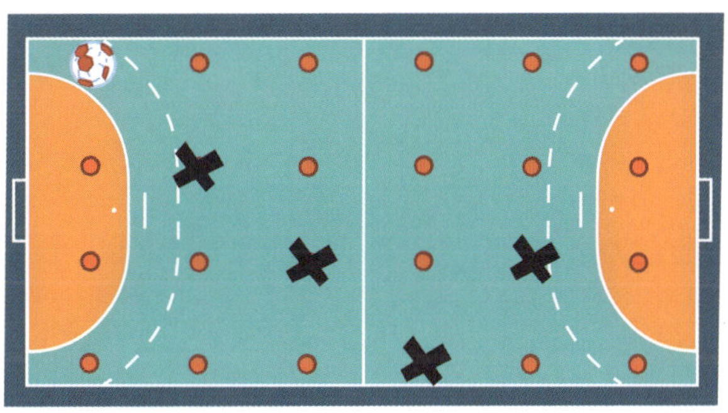

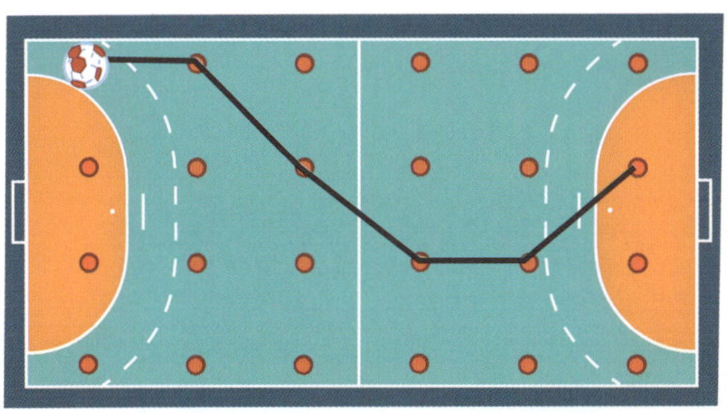

A

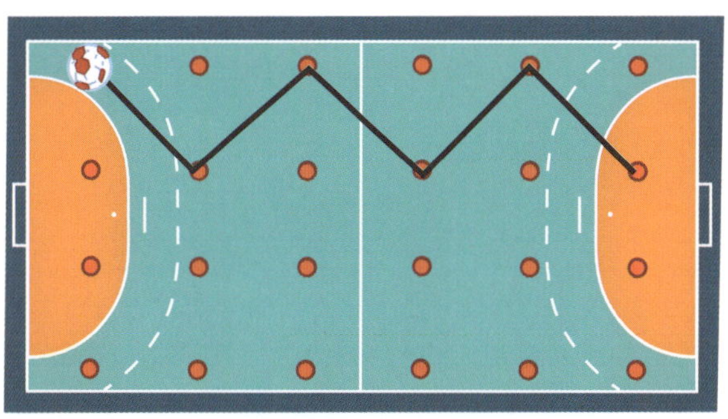

B

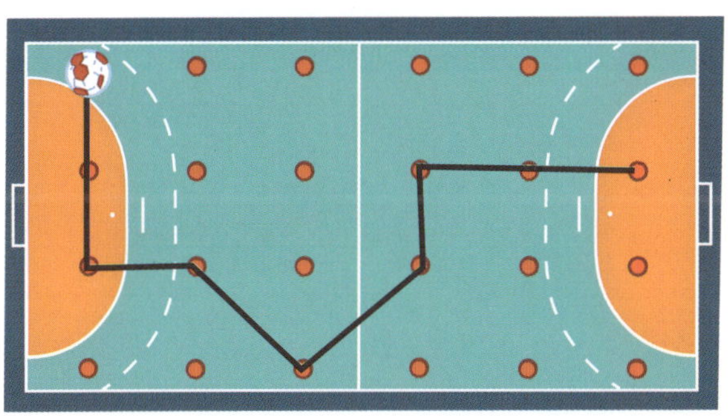

C

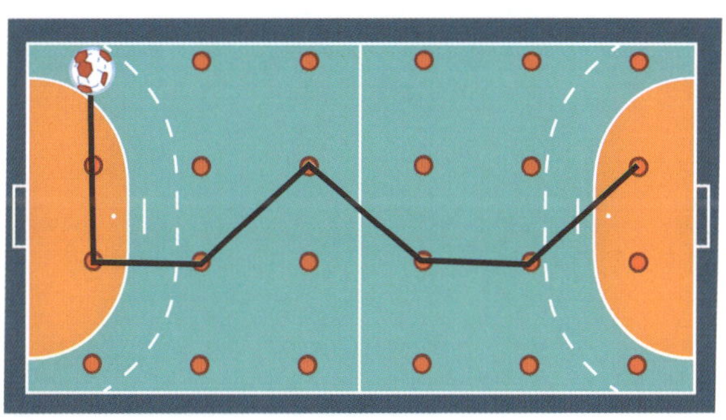

D

QUIZ

Quels sont les 3 sports
qui composent le triathlon ?

MOT VERTICAL

Écris les mots de la liste dans la grille et découvre verticalement un objet indispensable aux triathlètes.

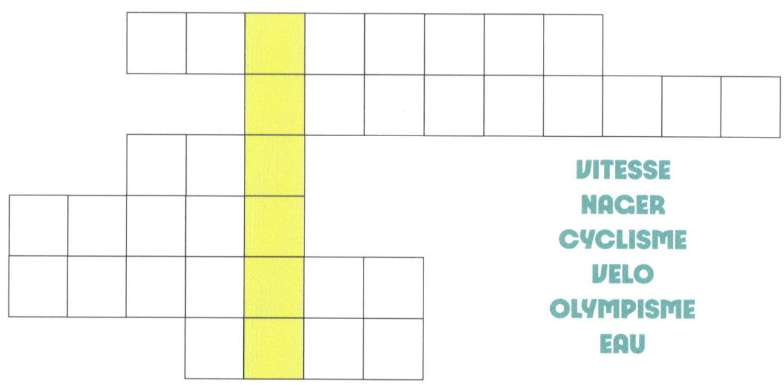

VITESSE
NAGER
CYCLISME
VELO
OLYMPISME
EAU

Mot mystère

MORCEAUX EN TROP

Relie chaque détail à la zone qui correspond pour compléter l'image. Quels sont les morceaux en trop ?

LA BONNE OMBRE

Observe chaque ombre et entoure celle qui correspond exactement aux boxeuses.

êLtrPe pOrKêtN pkoEur quRe
pTerRsoCnZne
n'oAbtXiSenDne
mUToNn trCônEe.

MINUSCULES

Colorie uniquement les minuscules pour découvrir la phrase du boxeur.

QUI DIT QUOI ?

Le public est présent pour l'épreuve de plongeon au sein du Centre Aquatique Olympique. Relie chaque personnage à la phrase qui lui correspond.

QUI EST QUI ?

Trouve le prénom de chaque athlète d'après ces informations :

Félix n'est pas à côté d'Emmanuel. Simon n'est pas à côté d'Alexis. Simon et Félix sont assis au milieu. Emmanuel est à côté du sac.

RENVERSANT

Décode cette phrase sachant que chaque mot est écrit à l'envers.

PÊLE-MÊLE

C'est le bazar dans le sac du pongiste. Combien vois-tu de raquettes de tennis de table ?

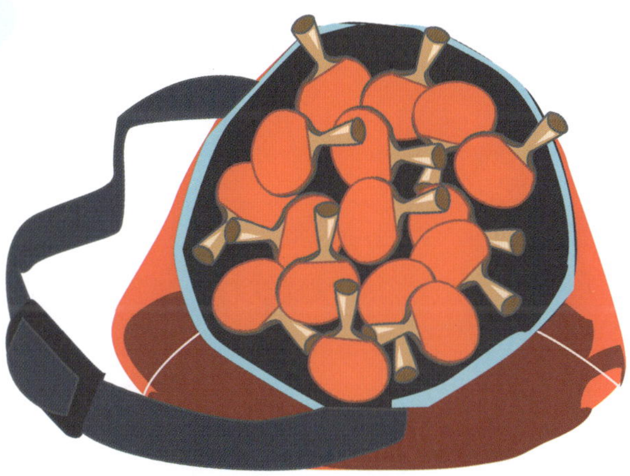

PHOTO COUPÉE

Numérote les bandes dans le bon ordre et découvre le mot mystère.

Le mot mystère : ______________________

SUDOKU

Colorie ces casques de water-polo pour avoir sur chaque ligne, chaque colonne et chaque bloc de 4 cases, les 4 couleurs : bleu, jaune, rouge, vert.

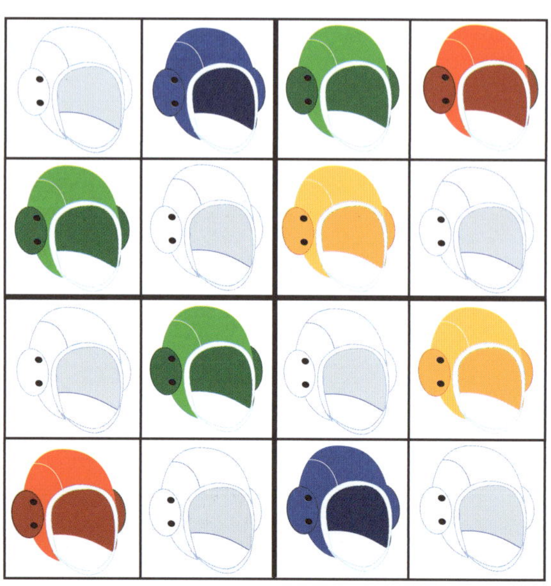

MOT VERTICAL

Écris les mots de la liste dans la grille et découvre verticalement un sport mystère.

Sport mystère

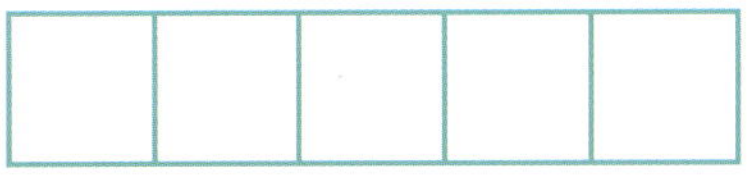

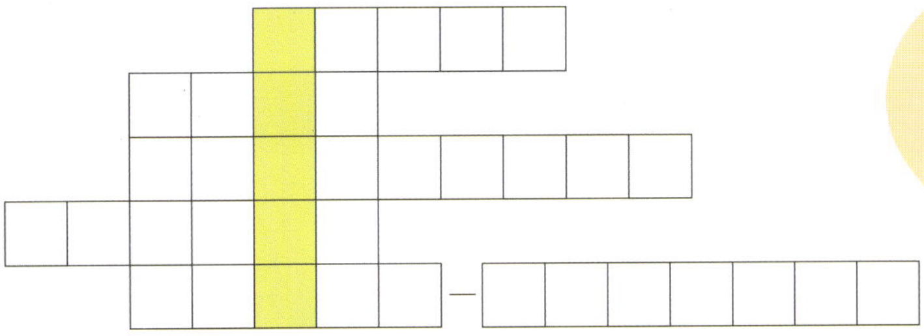

JEUX

GRECO-ROMAINE

ANTIQUITÉ

LIBRE

POINTS

UNE SUR DEUX

Élimine une lettre sur deux pour découvrir ce que dit le lutteur.

BIZARRE, BIZARRE !

Trouve les 5 anomalies qui se sont glissées dans cette scène.

LA BONNE OMBRE

Observe chaque ombre et entoure celle qui correspond exactement à la figure réalisée par le rideur.

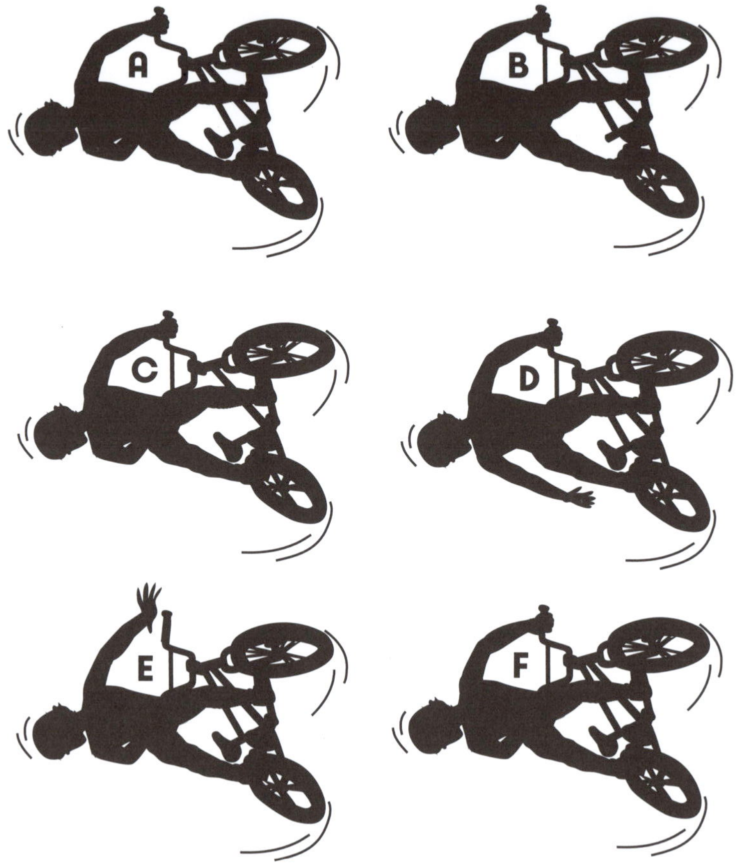

QUIZ

Comment s'appelle le sport dans lequel des rideurs doivent exécuter un maximum de figures ?

SUPERPOSITION

Superpose les phrases des deux rideurs.

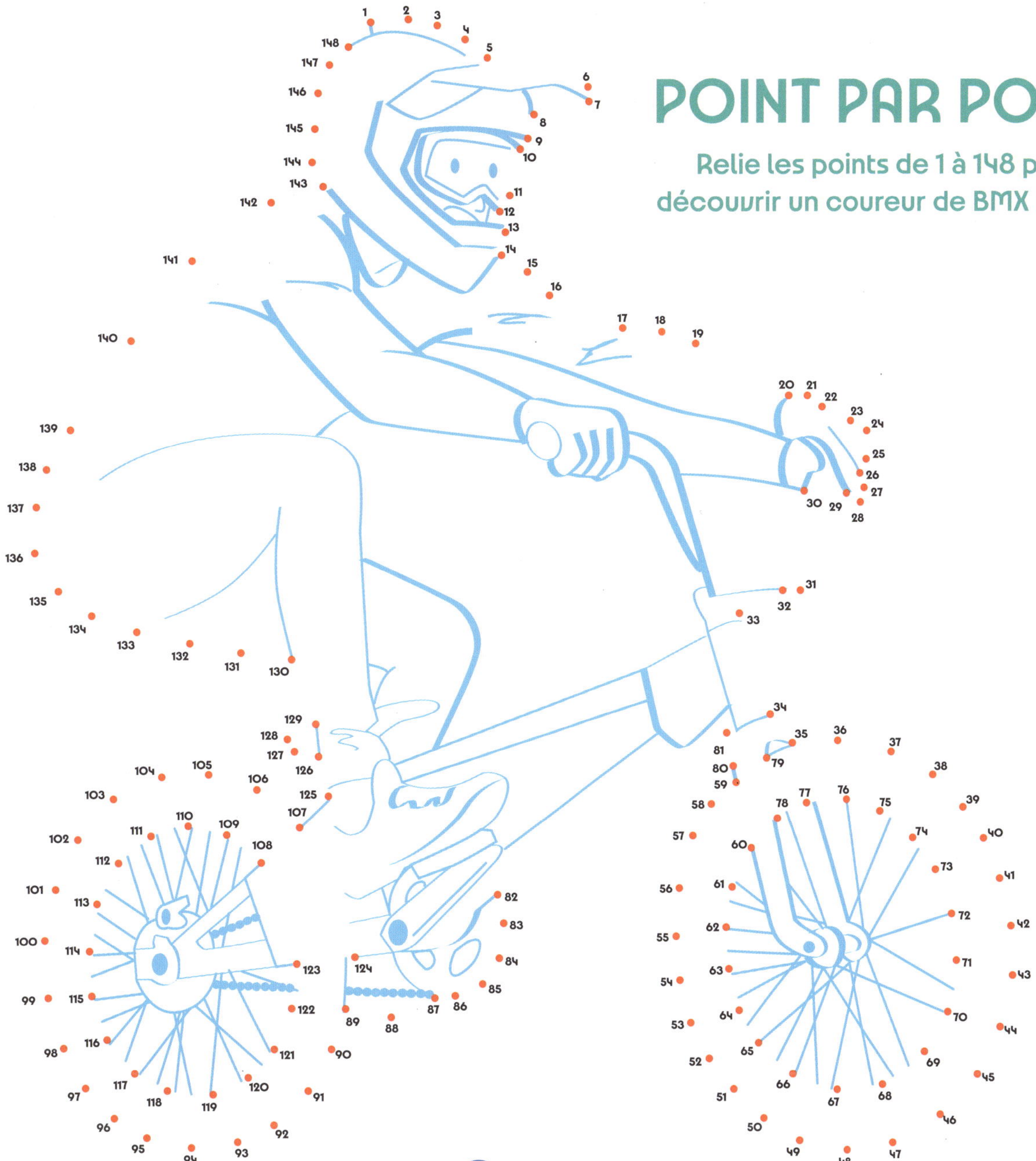

POINT PAR POINT

Relie les points de 1 à 148 pour découvrir un coureur de BMX racing.

LE BON CHEMIN

Trouve le bon chemin pour passer le premier la ligne d'arrivée !

PARCOURS OLYMPIQUE

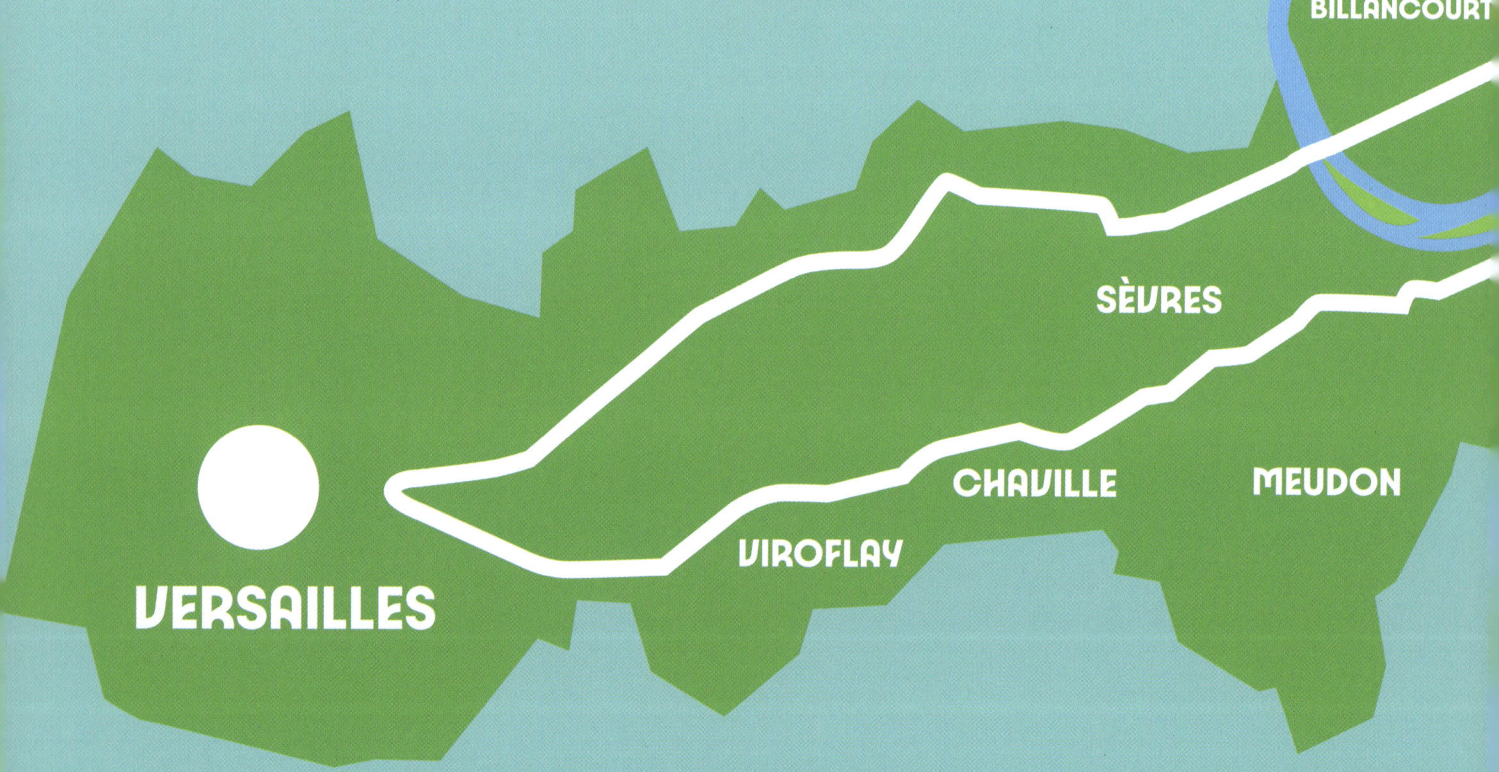

1. Place les monuments
au bon endroit.

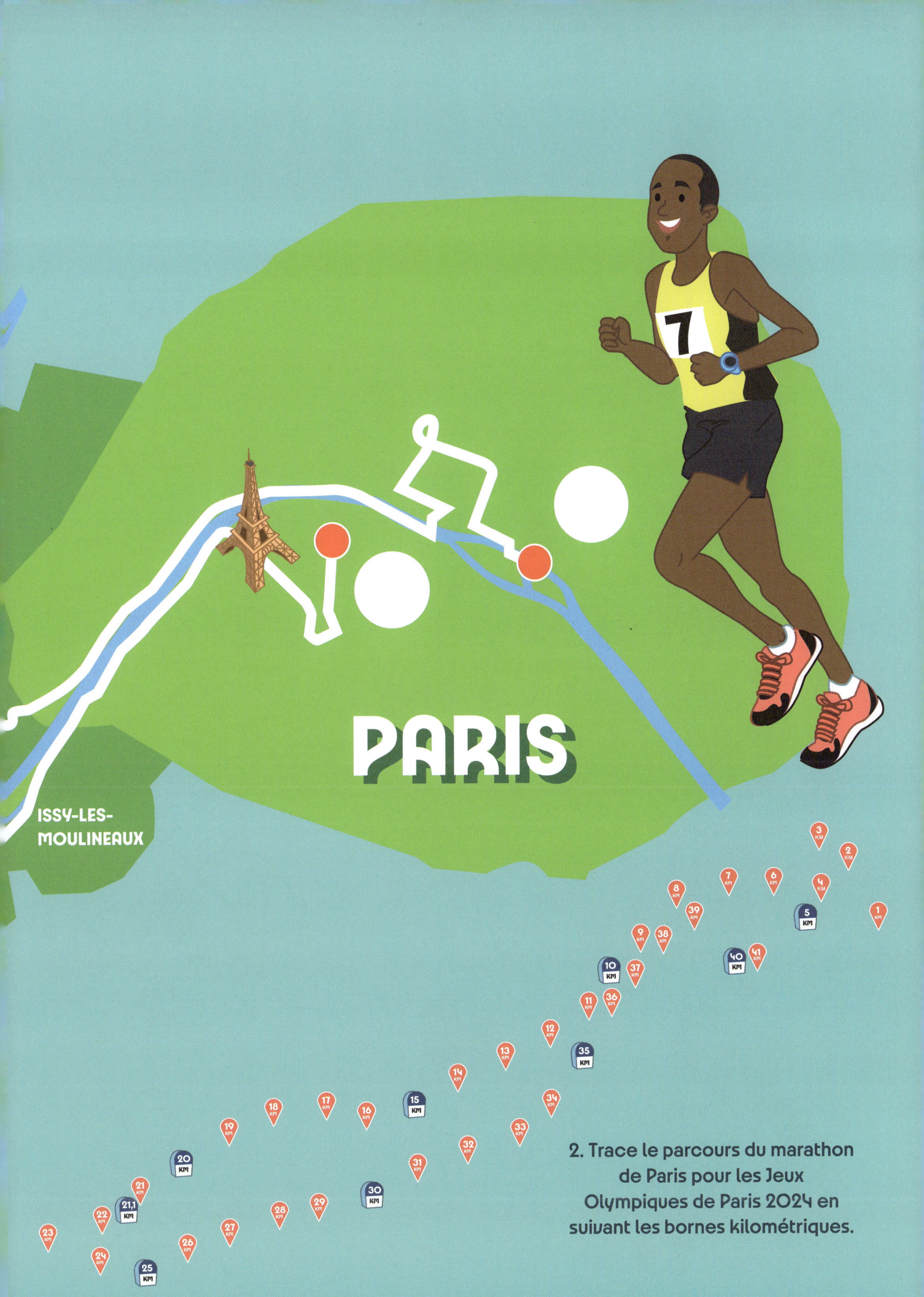

2. Trace le parcours du marathon de Paris pour les Jeux Olympiques de Paris 2024 en suivant les bornes kilométriques.

LE BON ÉQUIPEMENT

Relie l'athlète à son équipement et son sport.

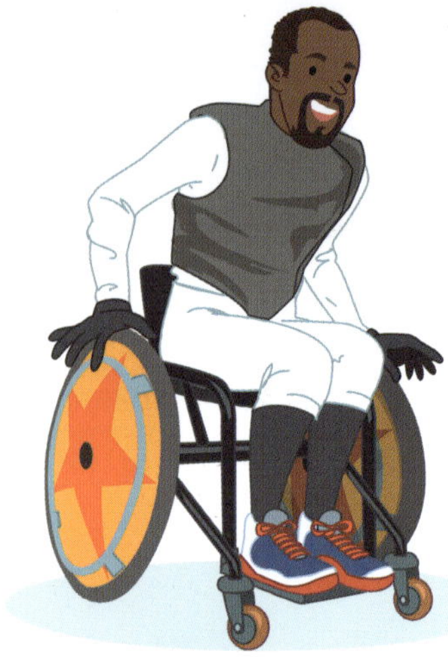

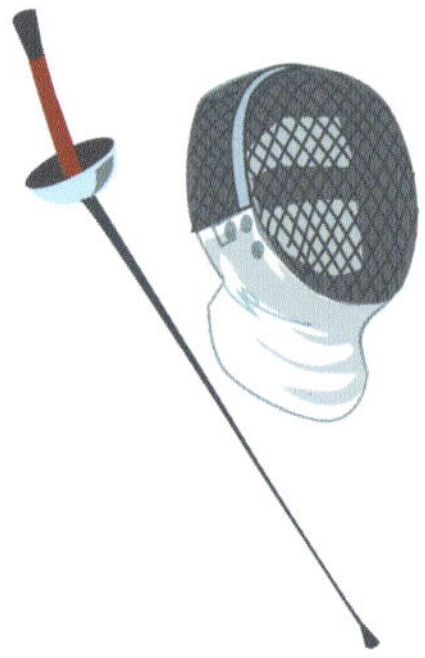

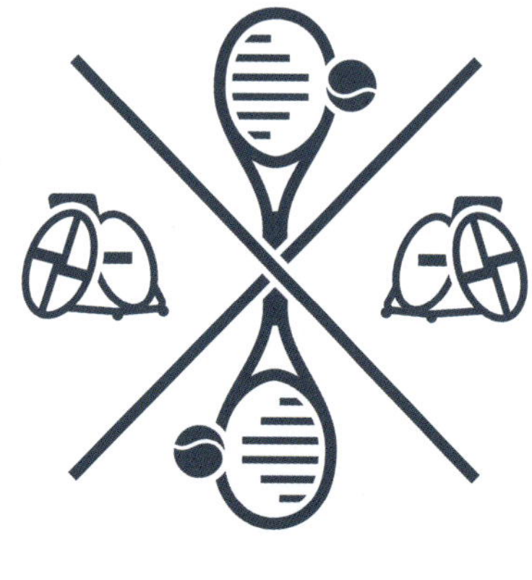

LE BON NUMÉRO

Remplace chaque nombre par la lettre qui correspond dans l'ordre alphabétique pour comprendre la phrase de l'athlète.

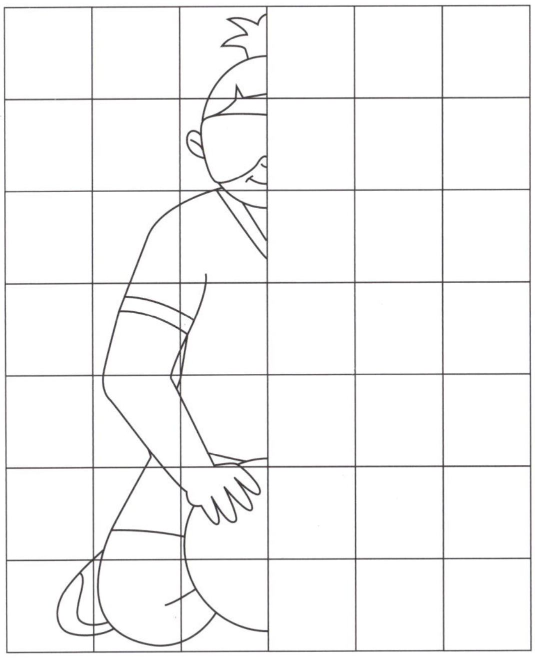

DESSIN

Aide-toi du quadrillage pour reproduire la joueuse de goalball.

PYRAMIDE

Complète cette pyramide sachant que chaque nombre est la somme des deux nombres juste en dessous.

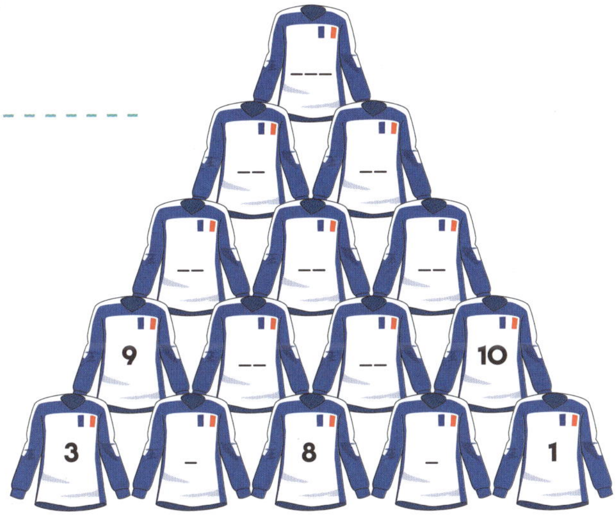

DIFFÉRENCES

Trouve les 7 différences entre ces deux images.

COLORIAGE

Colorie chaque zone dans la couleur indiquée pour découvrir le dessin caché.

UNE SUR DEUX

Élimine une lettre sur deux pour découvrir ce que dit la skateuse.

RENVERSANT

Décode cette phrase sachant que chaque mot est écrit à l'envers.

MORCEAUX EN TROP

Relie chaque détail à la zone qui correspond pour compléter l'image. Quels sont les morceaux en trop ?

CACHE-CACHE

Observe bien l'image et trouve ces 5 objets
qui se sont par erreur glissés dans l'épreuve de tir à l'arc :

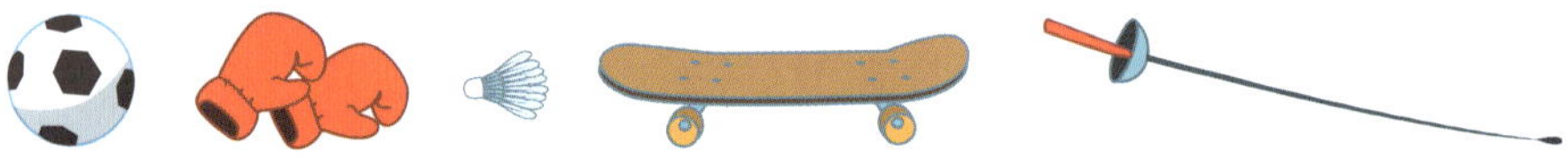

L'OBJET DISPARU

Observe la scène et trouve l'objet pris par l'athlète.

L'DoiiingoDoiiingr sDoiiingerDoiiinga moDoiiingn GDoiiingraDoiiigal !

KESKIDI

Élimine tous les sons du sifflet, « Doiiing », pour comprendre ce que dit l'athlète.

PYRAMIDE

Complète cette pyramide sachant que chaque nombre est la somme des deux nombres juste en dessous.

SYMÉTRIE

Utilise le quadrillage pour dessiner symétriquement cette scène se déroulant lors des épreuves de tir à l'arc des Jeux Olympiques de Paris 2024.

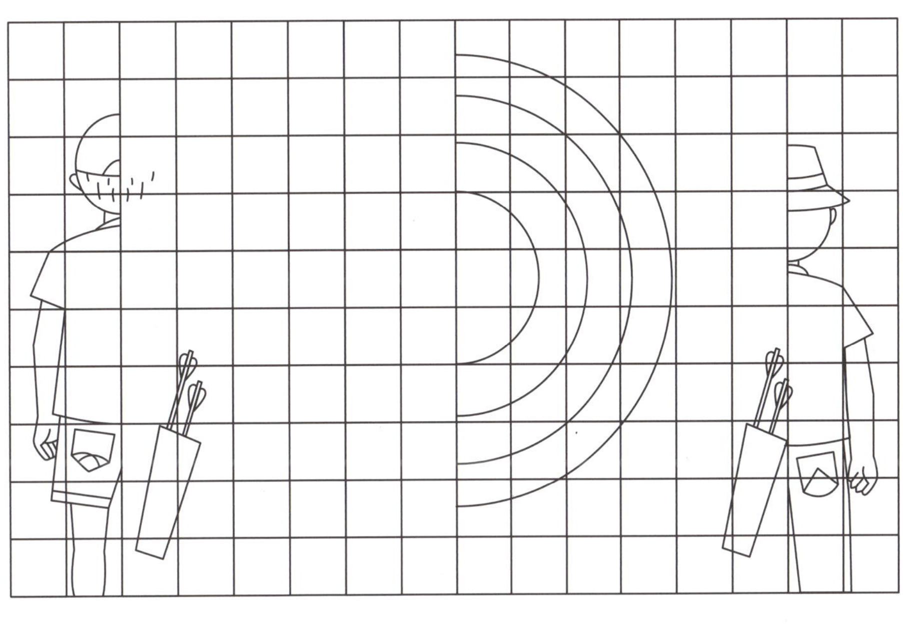

QUI EST QUI ?

Trouve le prénom de chaque escrimeur d'après ces informations :

Enzo est à côté de Romain. Alexandre saute. Paul-Antoine et Yannick entourent Alexandre. Romain est à côté de Yannick.

PÊLE-MÊLE

C'est le bazar dans le vestiaire de l'équipe de France d'escrime. Combien vois-tu de fleurets ?

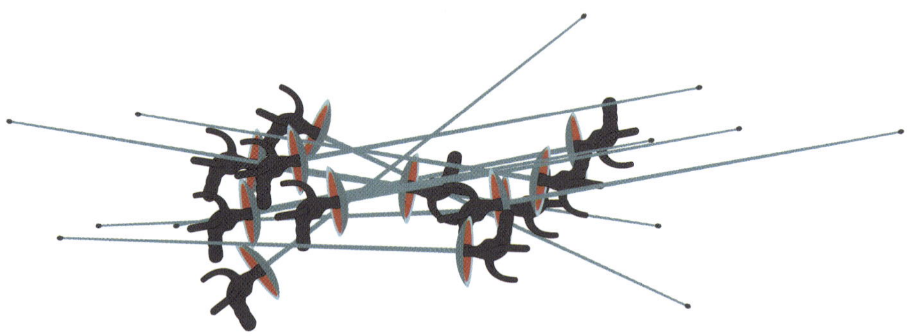

MOT VERTICAL

Écris les mots de la liste dans la grille et découvre verticalement un mot mystère.

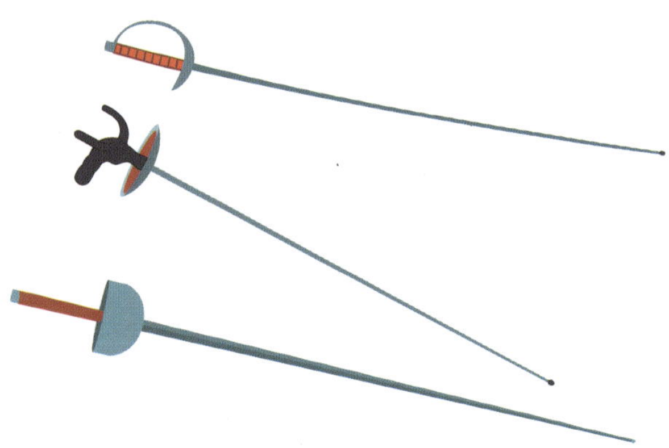

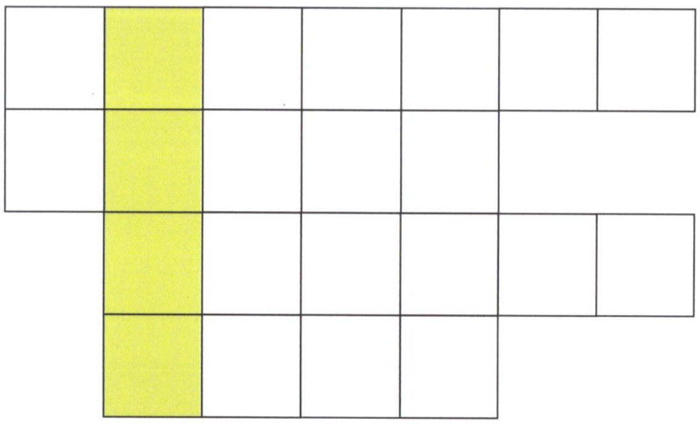

MASQUE
SABRE
FLEURET
ÉPÉE

Mot mystère

LABYRINTHE

Aide la pilote française Loana Lecomte à gagner la course de mountain bike en passant par tous les obstacles.

lPe mFoRuHntJaNiBn
bDiFkGe ofGfrHeG
d'iTnYcUrLoMyOables
sDeSnsaBtVions.

MINUSCULES

Colorie uniquement les minuscules pour découvrir ce que dit l'athlète.

COLORIAGE

Colorie chaque zone dans la couleur indiquée pour découvrir le dessin caché.

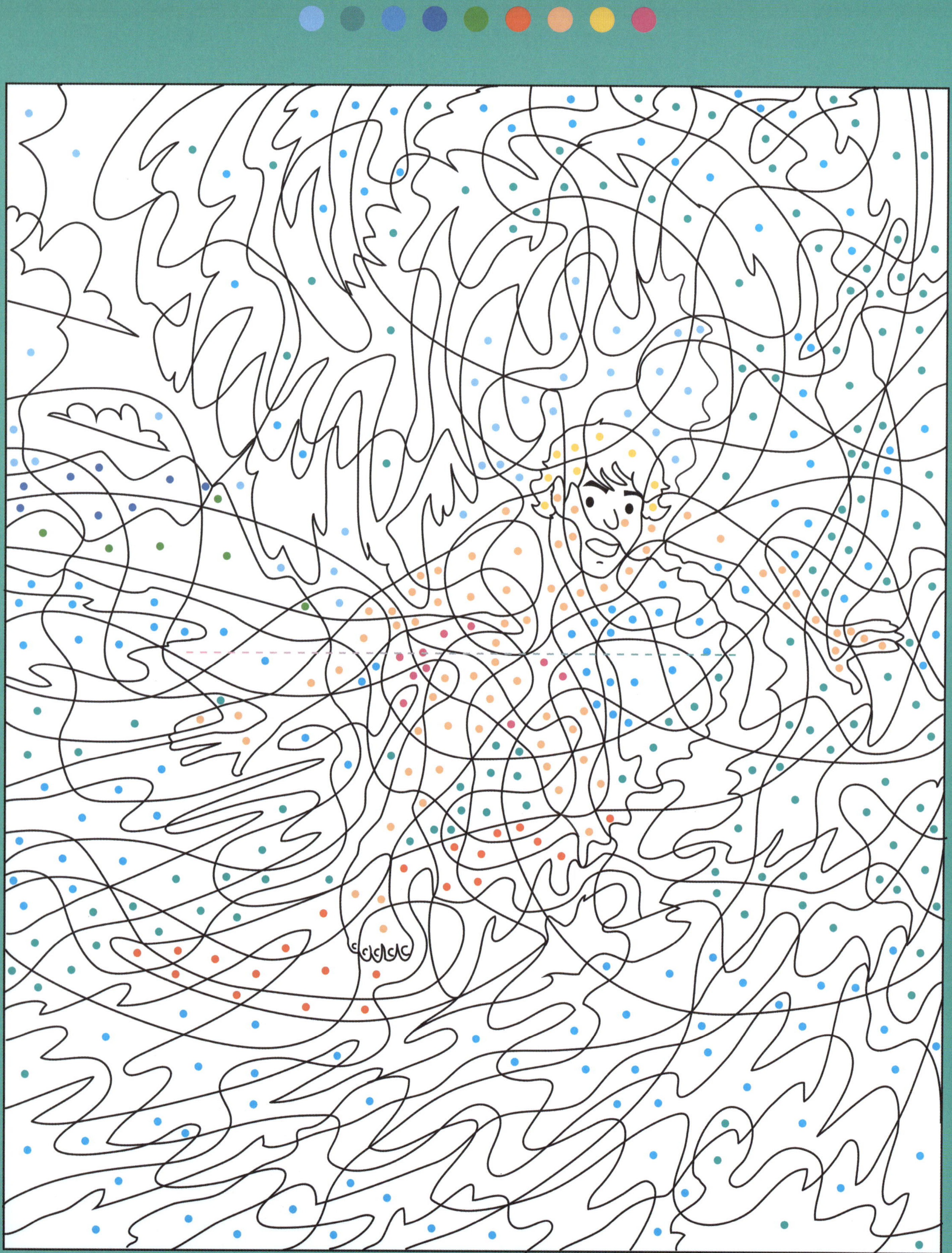

QUIZ

Quelles épreuves de tennis sont disputées aux Jeux Olympiques de Paris 2024 ?

LA BONNE OMBRE

Observe chaque ombre et entoure celle qui correspond exactement à la joueuse de tennis.

LA PAIRE

Observe toutes les raquettes et trouve les deux raquettes identiques.

MORCEAUX EN TROP

Relie chaque détail à la zone qui correspond pour compléter l'image.
Quels sont les morceaux en trop ?

SUPERPOSITION

Superpose les phrases des deux joueurs de badminton.

[10 5] [16 1 18 20 9 3 9 16 5] [1] [12]' [5 16 18 5 21 22 5] [18 5 9 14 5] [4 5 19] [10 5 21 24]

[4 5] [12]' [1 14 20 9 17 21 9 20 5].

LE BON NUMÉRO

Remplace chaque nombre par la lettre qui correspond dans l'ordre alphabétique pour comprendre la phrase de l'athlète.

UNE SUR DEUX

Élimine une lettre sur deux pour découvrir les cinq épreuves qui composent le pentathlon moderne.

Lte ptevnbtnamtlhjlhohng cgofmdbsiqnaez cvibnhqj stpyouritps : dlia mnkajthaftrizoxnw, l'zeqswcxrvigmhej, l'zérqtuyigtbanthifodn, qlda qcdofubrnskej àr pdiwexdx ewtf lwec tziar.

CACHE-CACHE

Aide l'athlète olympique à s'équiper pour les épreuves de pentathlon moderne en retrouvant les 5 objets dont il va avoir besoin.

PHOTO COUPÉE

Numérote les bandes dans le bon ordre et découvre le mot mystère.

Le mot mystère : ______________________________

SUDOKU

Colorie ces ballons pour avoir sur chaque ligne, chaque colonne et chaque bloc de 4 cases, les 4 couleurs : bleu, jaune, rouge, orange.

LABYRINTHE

Aide Nélia Barbosa, kayakiste handisport, à remporter la course !

QUIZ

Aux Jeux Paralympiques, comment se nomme le football sans la vue ?

KESKIDI

Élimine tous les sons du sifflet « Trriiit » de l'arbitre pour comprendre les explications de l'entraîneur à l'attaquant.

PÊLE-MÊLE

Combien vois-tu de ballons de football ?

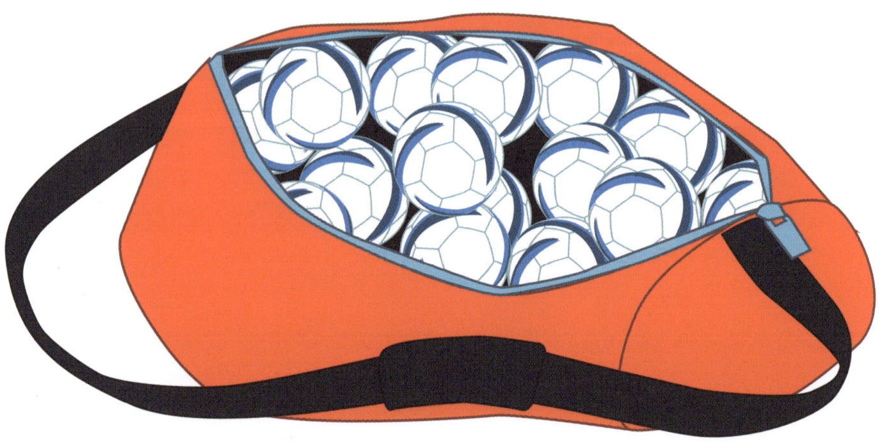

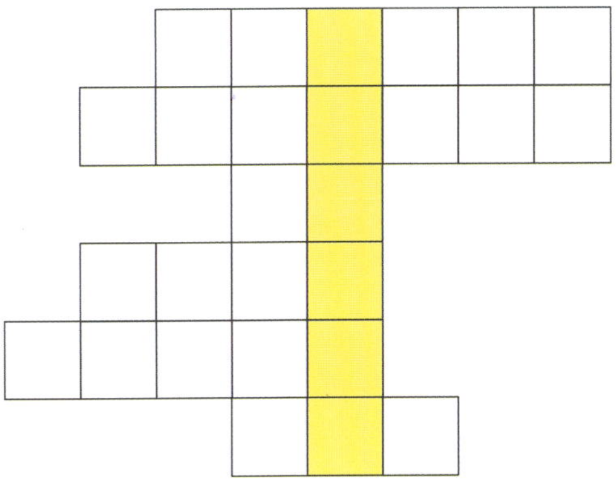

Mot mystère

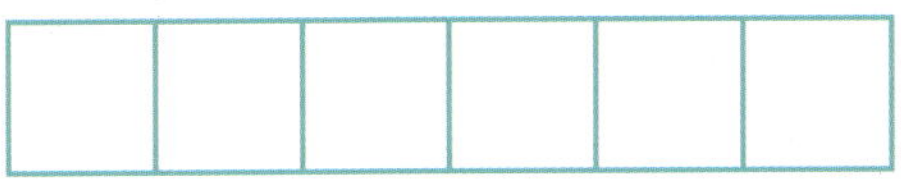

TERRAIN
HOCKEY
JO
ZONES
BUTS
JEU

MOT VERTICAL

Écris les mots de la liste dans la grille et découvre le mot mystère, l'équipement indispensable en hockey.

L'OBJET DISPARU

Observe les deux images et trouve l'objet qui a disparu dans la seconde et qui oblige l'arbitre à stopper le match.

QUI DIT QUOI ?

Il y a foule dans les tribunes pour l'épreuve de canoë-kayak sprint.
Relie chaque personnage à la phrase qui lui correspond.

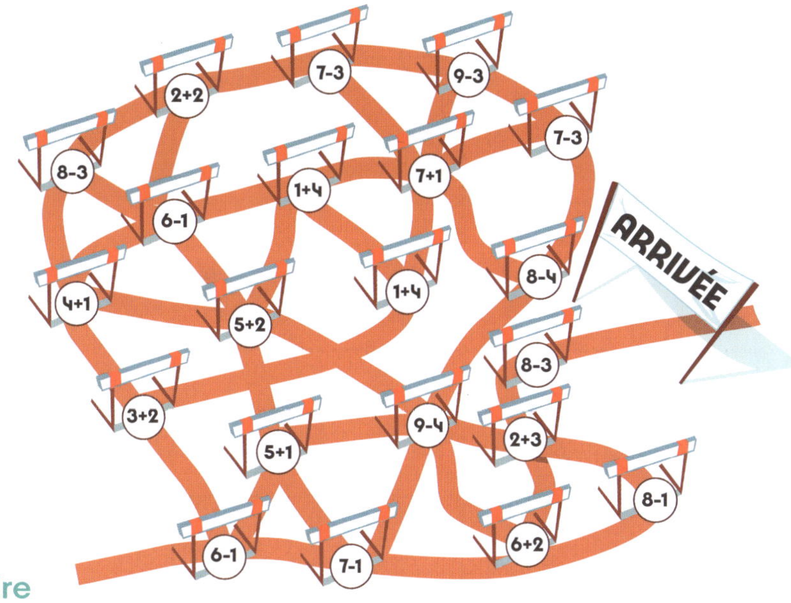

LABYRINTHE

Trouve le bon chemin pour atteindre la ligne d'arrivée en passant seulement par les haies dont le résultat est égal à 5.

QUIZ

Trouve les bonnes réponses.

Quelles distances ne sont pas au programme des Jeux Olympiques de Paris 2024 en athlétisme ?

A. 100 m
B. 200 m
C. 400 m
D. 800 m
E. 1 000 m
F. 1 500 m
G. 2 500 m
H. 5 000 m
I. 8 000 m
J. 10 000 m

QUI EST QUI ?

Trouve le prénom de chaque athlète d'après ces informations :

Lukas n'est pas à côté de Julian.
Daniel n'est pas à côté de Leonardo.
Julian est un lanceur de javelot tandis que Leonardo est un lanceur de poids.

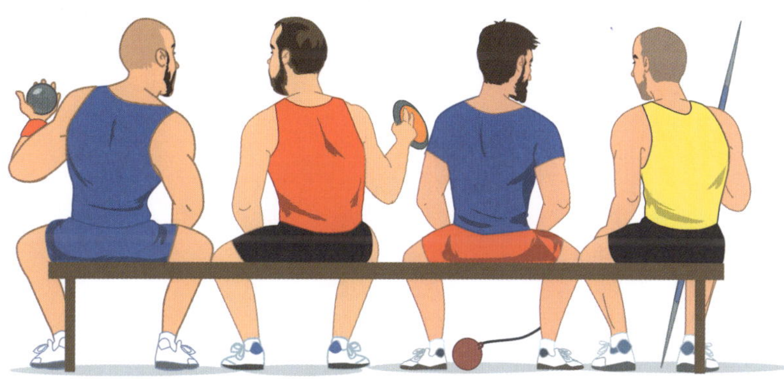

SUDOKU

Dessine dans chaque case vide la figure de natation artistique qui convient. Attention, chaque figure doit être présente une seule fois par ligne et par colonne.

DIFFÉRENCES

Trouve les 7 différences entre ces deux scènes de natation artistique.

Sport mystère

MOT VERTICAL

Écris les mots de la liste dans la grille et découvre verticalement un sport mystère.

COMPÉTITION
MARATHON
RIVIÈRE
LAC
MARÉE
NAGE
OLYMPIQUE
NAGEUR

RENVERSANT

Décode cette phrase sachant que chaque mot est écrit à l'envers.

MORCEAUX EN TROP

Relie chaque détail à la zone qui correspond pour compléter l'image. Quels sont les morceaux en trop ?

A
B
C
D
E
F

CACHE-CACHE

Si tu as bien complété ce cahier, tu connais maintenant les sports qui sont représentés aux Jeux Olympiques et Paralympiques de Paris 2024. Trouve dans l'image les 5 équipements de sport qui ne sont pas présents aux Jeux Olympiques et Paralympiques de Paris 2024.

R_N_E_-V_U_ L_ 2_ J_I_L_T _O_4 _O_R _E_ J_U_ O_Y_P_Q_E_ E_ L_ 2_ A_Û_ P_U_ L_S _E_X _A_A_Y_P_Q_E_ D_ P_R_S.

_E_D_Z-_O_S _E _6 _U_L_E_ 2_2_ P_U_ L_S _E_X _L_M_I_U_S _T _E _8 _O_T _O_R _E_ J_U_ P_R_L_M_I_U_S _E _A_I_.

SUPERPOSITION

Superpose le texte des deux bulles pour découvrir ce que disent Tony Estanguet et Martin Fourcade.

DESSIN

Aide-toi du quadrillage pour reproduire le pictogramme de judo des Jeux Olympiques de Paris 2024.

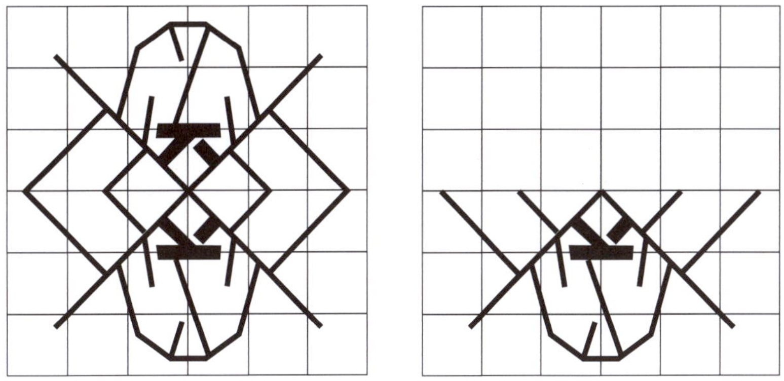

PAIRE

Relie chaque pictogramme des Jeux Paralympiques de Paris 2024 à son pendant des Jeux Olympiques. Un seul pictogramme n'a pas son équivalent aux Jeux Olympiques. Lequel ?

DESSIN

Dessine le pictogramme du sport que tu pratiques ou que tu aimerais pratiquer !

KESKIDI

Élimine tous les sons du cheval, « Huuu », pour comprendre ce que dit l'athlète.

CACHE-CACHE

Aide l'athlète de para haltérophilie à retrouver ses 6 poids.

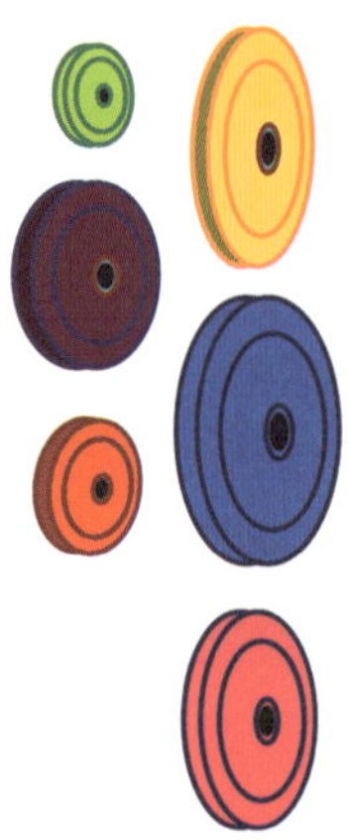

LA BONNE OMBRE

Observe chaque ombre et entoure celle qui correspond exactement à l'athlète de para aviron.

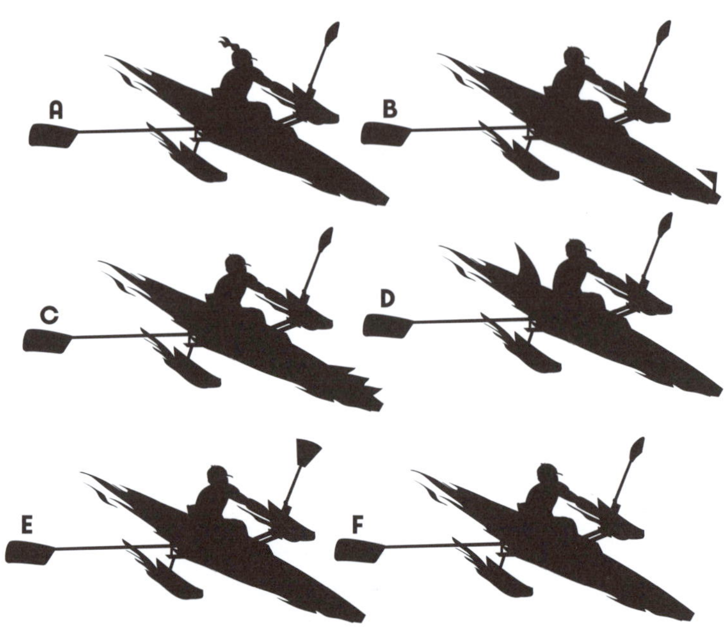

COLORIAGE

Colorie les athlètes sur le podium avec leur médaille.

SOLUTIONS

PAGES 2-3

COLORIAGE

RÉBUS

Bienvenue aux Jeux Olympiques et Paralympiques de Paris !
(billes – 1 – vœux – nu – eau jeux – eau – L'1 – pique – ET – pas rat – L'1 – pique – 2 – pas – riz)

DESSIN

QUIZ

B. Bleu – jaune – noir vert – rouge

PAGES 4- 5

LA BONNE OMBRE

L'ombre F.

LE BON NUMÉRO

« En athlétisme ou para athlétisme, attention aux faux départs ! »

BIZARRE, BIZARRE !

QUIZ

A. Toutes les nages (brasse, dos, papillon, nage libre, nages combinées).

PÊLE-MÊLE

Il y a 13 maillots.

PAGES 6-7

DIFFÉRENCES

MORCEAUX EN TROP

Morceaux en trop : A, B et C.

LABYRINTHE

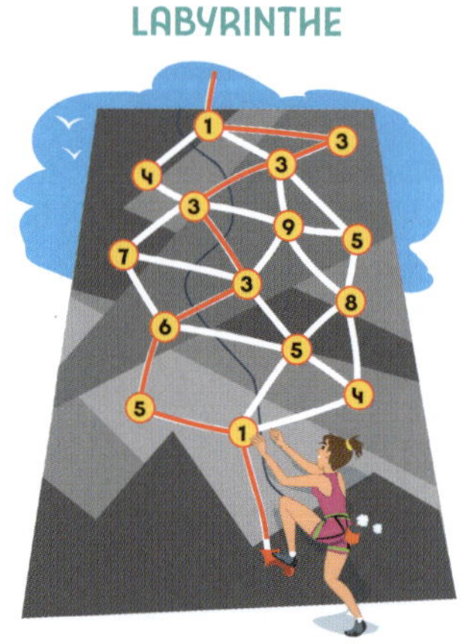

PAGES 8-9

SUPERPOSITION

ALLEZ LA FRANCE !

PYRAMIDE

KESKIDI

« But refusé. Le joueur était hors-jeu ! »

PHOTO COUPÉE

Le mot mystère : SWING

COLORIAGE

PAGES 10-11

POINT PAR POINT

MOT VERTICAL

Mot mystère : VÉLO

UNE SUR DEUX

« Sur mon vélo, il faut pédaler avec les mains ! »

CACHE-CACHE

PAGES 12-13

LA BONNE OMBRE

L'ombre F.

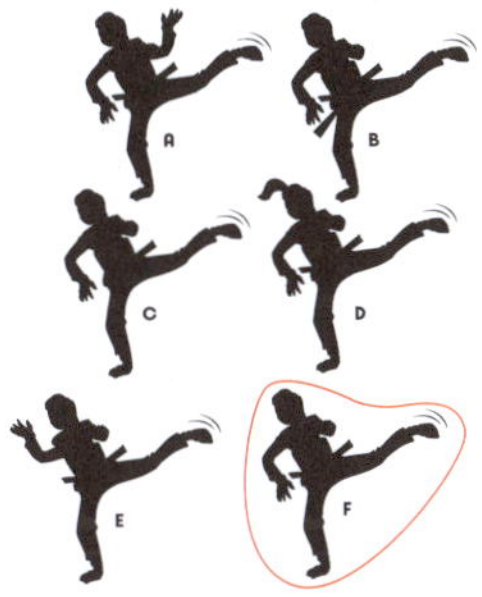

MINUSCULES

La voie des pieds et des poings.

Tla PvoYie dUes pMieCds FeTt dUes OpoPinFgs.

CHARADE

Basketball (bas – skate – bol).

RENVERSANT

« Le basketball se joue en 5 contre 5 ou en 3 contre 3. »

MORCEAUX EN TROP

Morceaux en trop : C, E et F.

PAGES 14 -15

SUDOKU

DIFFÉRENCES

POINT PAR POINT

L'haltérophilie.

PAGES 16-17

QUIZ

A, B et C ! Trois épreuves de tir auront lieu aux Jeux Olympiques de Paris 2024 : à la carabine (rifle), au pistolet et au fusil.

PÊLE-MÊLE

Il y a 13 cibles.

BIZARRE, BIZARRE !

RÉBUS

Le volleyball de plage est un sport olympique.
(LE – veau – lait – bol – 2 – plat jeux - haie – 1 – SP' – or eau – L'1 – pique)

PHOTO COUPÉE

Le mot mystère : ARENA
(Les épreuves de volleyball se dérouleront à Paris Expo Porte de Versailles, renommé l'Arena Paris Sud.)

PAGES 18-19

QUI DIT QUOI ?

A – 3. B – 4. C – 1. D – 2.

QUIZ

B. Une faute commise par un joueur, liée à un mauvais positionnement.

KESKIDI

« En avant ! L'essai est refusé ! »

SYMÉTRIE

PAGES 20-21

CACHE-CACHE

MINUSCULES

« Le breaking est une danse américaine. »

QUI EST QUI ?

De gauche à droite : Romane, Sarah-Léonie, Guillaume, Clarisse, Teddy, Axel.

LE BON CHEMIN

Le chemin 2.

PYRAMIDE

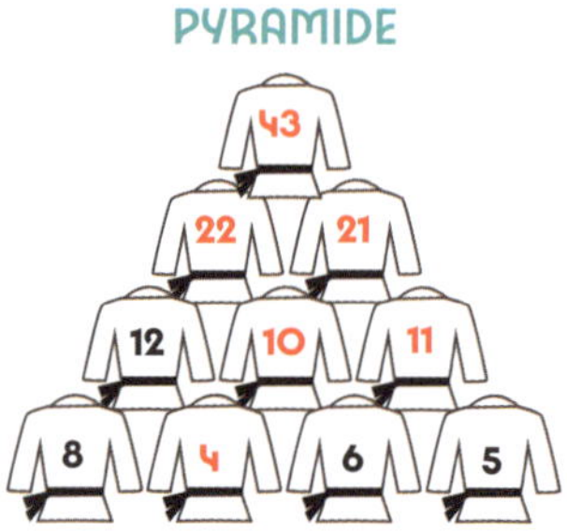

PAGES 22-23

LABYRINTHE

LE BON NUMÉRO

« Ajuste les voiles et gare aux vents ! »

LA TACTIQUE

La tactique C.

PAGES 24-25

QUIZ

C. Natation – course à pied cyclisme

MOT VERTICAL

Mot mystère : COURSE

CYCLISME
OLYMPISME
EAU
NAGER
VITESSE
VELO

MORCEAUX EN TROP

Morceaux en trop : A, B et C.

LA BONNE OMBRE

L'ombre E.

MINUSCULES

« Être prêt pour que personne n'obtienne mon trône. »

êLtrPe pOrKêtN pkoEur quRe
pTerRsoCnZne
n'oAbtXiSenDne
mUToNn trCônEe.

PAGES 26-27

QUI DIT QUOI ?

A – 4. B – 3. C – 1. D – 2.

QUI EST QUI ?

De gauche à droite : Alexis, Félix, Simon, Emmanuel.

RENVERSANT

« Les joueurs de tennis de table sont appelés pongistes. »

PÊLE-MÊLE

Il y a 16 raquettes.

PAGES 28-29

PHOTO COUPÉE

Le mot mystère : BALLON

SUDOKU

MOT VERTICAL

Sport mystère : LUTTE

LIBRE
JEUX
ANTIQUITÉ
POINTS
GRECO-ROMAINE

UNE SUR DEUX

Et hop ! La toupie.

BIZARRE, BIZARRE !

PAGES 30-31

LA BONNE OMBRE

L'ombre F.

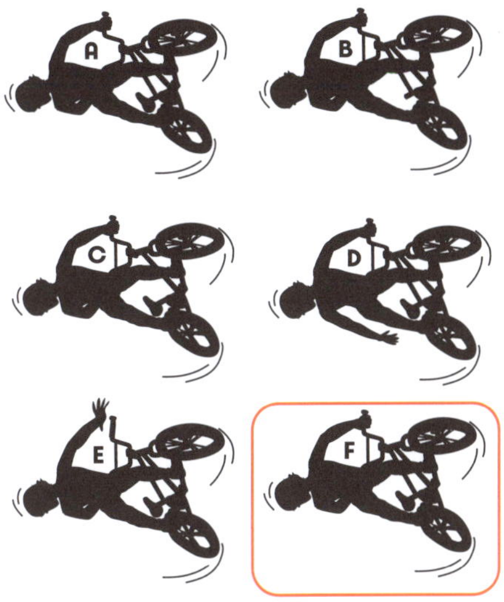

QUIZ

A. Le BMX freestyle

SUPERPOSITION

Rendez-vous au park !

POINT PAR POINT

LE BON CHEMIN

Le chemin 3.

PAGES 32-33

Parcours olympique

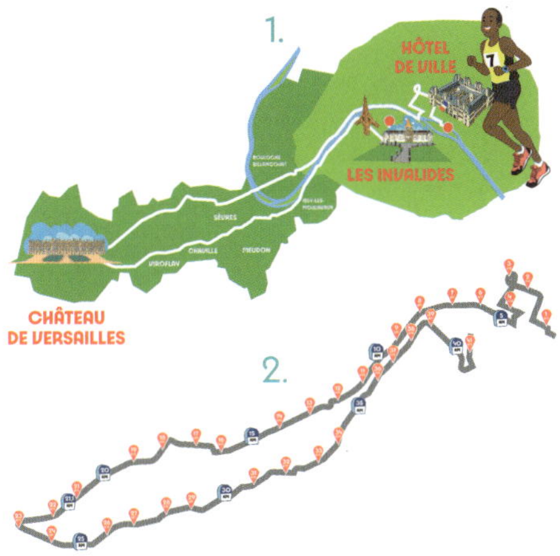

PAGES 34-35

LE BON ÉQUIPEMENT

LE BON NUMÉRO

« Difficile de marquer lorsque l'on ne voit pas ! »

DESSIN

PYRAMIDE

PAGES 36-37

DIFFÉRENCES

COLORIAGE

UNE SUR DEUX

« Je réalise mes plus belles figures au park. »

RENVERSANT

« Les skateurs enchaînent les figures et maîtrisent leur planche. »

MORCEAUX EN TROP

Morceaux en trop : C, D et E.

PAGES 38-39

CACHE-CACHE

L'OBJET DISPARU

La balle de tennis.

KESKIDI

« L'or sera mon Graal ! »

PYRAMIDE

SYMÉTRIE

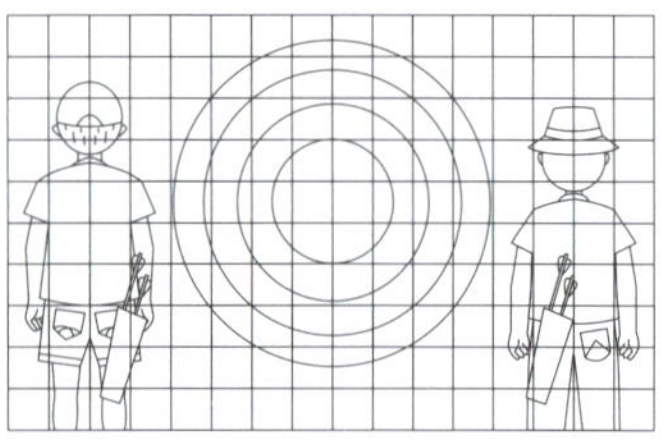

PAGES 40-41

QUI EST QUI ?

En commençant par l'escrimeur de gauche : Enzo, Romain, Yannick, Alexandre et Paul-Antoine.

PÊLE-MÊLE

Il y a 12 fleurets.

MOT VERTICAL

Mot mystère : LAME

F	L	E	U	R	E	T
S	A	B	R	E		
	M	A	S	Q	U	E
	E	P	E	E		

LABYRINTHE

MINUSCULES

« Le mountain bike offre d'incroyables sensations. »

PAGES 42-43

COLORIAGE

QUIZ

A, B, C, D et E ! Aux Jeux Olympiques, le tennis présente ces 5 épreuves.

LA BONNE OMBRE

L'ombre E.

LA PAIRE

PAGES 44-45

MORCEAUX EN TROP

Morceaux en trop : A, C et E.

SUPERPOSITION

À deux, on va plus loin.

LE BON NUMÉRO

« Je participe à l'épreuve reine des Jeux de l'antiquité. »

UNE SUR DEUX

« Le pentathlon combine cinq sports : la natation, l'escrime, l'équitation, la course à pied et le tir. »

CACHE-CACHE

PAGES 46-47

PHOTO COUPÉE

Le mot mystère : VOLLEY

Il s'agit du volleyball assis.

SUDOKU

LABYRINTHE

PAGES 48-49

QUIZ

B. Le cécifoot

KESKIDI
« Tire sur la gauche ! »

PÊLE-MÊLE
Il y a 15 ballons.

MOT VERTICAL
Mot mystère : CROSSE

		H	O	C	K	E	Y
	T	E	R	R	A	I	N
			J	O			
	B	U	T	S			
Z	O	N	E	S			
			J	E	U		

L'OBJET DISPARU
Le casque de la gardienne.

PAGES 50-51

QUI DIT QUOI ?
A – 2. B – 4. C – 1. D-3

LABYRINTHE

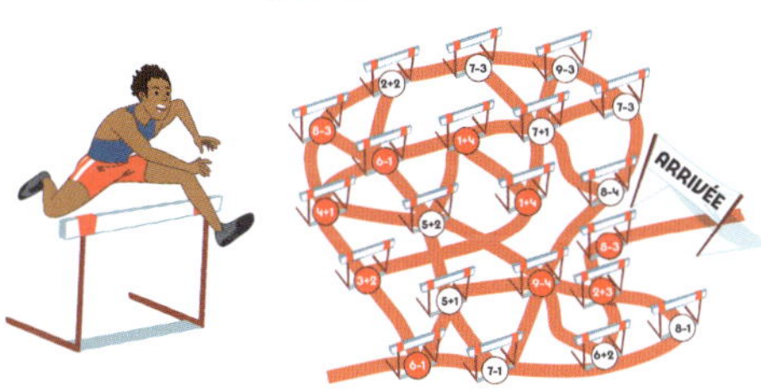

QUIZ
E. (1 000 m), G. (2 500 m) et I. (8 000 m).

QUI EST QUI ?
De gauche à droite : Leonardo, Lukas, Daniel et Julian.

PAGES 52-53

SUDOKU

DIFFÉRENCES

MOT VERTICAL
Sport mystère : NATATION

					N	A	G	E					
				M	A	R	É	E					
C	O	M	P	É	T	I	T	I	O	N			
				L	A	C							
	M	A	R	A	T	H	O	N					
				R	I	V	I	È	R	E			
					O	L	Y	M	P	I	Q	U	E
					N	A	G	E	U	R			

RENVERSANT
« Aujourd'hui, l'eau est vraiment gelée ! »

MORCEAUX EN TROP
Morceaux en trop : A, C et E.

PAGES 54-55

CACHE-CACHE
Pétanque – bowling – baseball pelote basque – wakeboard

SUPERPOSITION
RENDEZ-VOUS LE 26 JUILLET 2024 POUR LES JEUX OLYMPIQUES ET LE 28 AOÛT POUR LES JEUX PARALYMPIQUES DE PARIS.

DESSIN

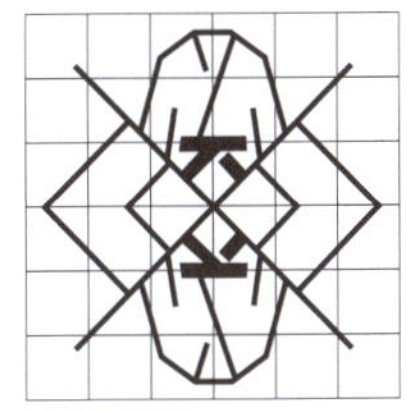

PAIRE

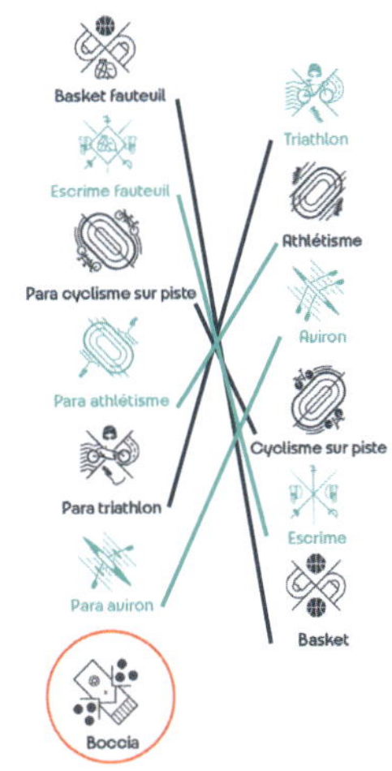

PAGES 56-57

KESKIDI
« Mon cheval voit pour moi. »

CACHE-CACHE

LA BONNE OMBRE
L'ombre F.

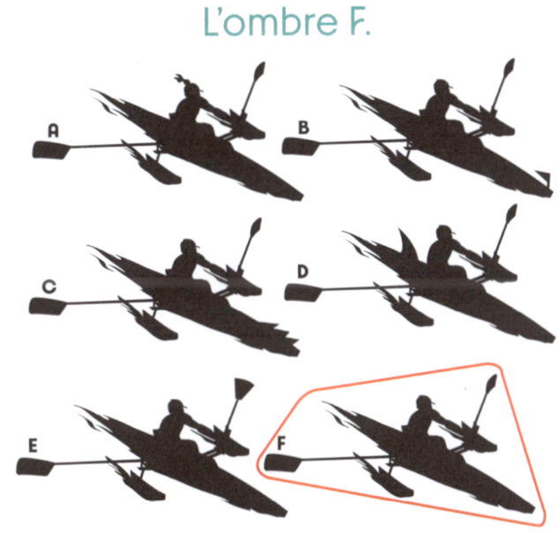

Sports olympiques : athlétisme, aviron, badminton, basketball, basketball 3x3, boxe, canoë sprint, canoë-kayak slalom, cyclisme sur piste, cyclisme sur route, BMX freestyle, BMX racing, mountain bike (VTT), escrime, football, golf, gymnastique artistique, gymnastique rythmique, trampoline, haltérophilie, handball, hockey sur gazon, judo, lutte, pentathlon moderne, rugby à 7, natation, natation artistique, natation marathon, plongeon, waterpolo, sports équestres, taekwondo, tennis, tennis de table, tir, tir à l'arc, triathlon, voile, volleyball, volleyball de plage.

Sports paralympiques : basket fauteuil, boccia, escrime fauteuil, cécifoot, goalball, para athlétisme, para aviron, para badminton, para canoë, para cyclisme sur route, para cyclisme sur piste, para équitation (dressage), para powerlifting, para judo, para natation, para taekwondo, para tennis de table, para tir à l'arc, para tir sportif, para triathlon, rugby fauteuil, tennis fauteuil, volleyball assis.

Certifié PEFC
Ce produit est issu de forêts gérées durablement et de sources contrôlées
PEFC 10-31-1470
www.pefc-france.org

Conception et rédaction des jeux : Gaëtan Lefevre
Réalisation des jeux et illustrations : Alain Boyer

Ouvrage dirigé par Mathilde Guillier
Conception graphique : Marion Rosière
Lecture et correction : Valérie Gios

Loi n° 49-956 du 16 juillet 1949 sur les publications destinées à la jeunesse, modifiée par la loi n° 2011-525 du 17 mai 2011.

34-36, rue La Pérouse - 75116 Paris
www.hugopublishing.fr

ISBN : 9782755674996
Dépôt légal : juin 2024
Imprimé en France par Sepec - 23136240201
IMPRIM'VERT®